# APRENDE LOS FRUTOS DEL ESPÍRITU

¡Hola!

¿Sabías que Dios nos da frutos? No solo frutas que comes, sino frutas para tu espíritu que te ayudan a caminar con Jesús.!

# Gálatas 5:22-23

Pero el Espíritu Santo produce este tipo de fruto en nuestra vida: amor, gozo, paz, paciencia, benignidad, bondad, fidelidad, 23 mansedumbre y templanza. ¡No hay ley contra estas cosas!"

Lea la palabra. Luego colorea la imagen

Lee la definición y completa la oración.

Definición:

Amor: Dar primero y no querer nada a cambio.

Hoy mostré amo cuando yo...

_____

_____

_____

Completa la palabra. Lea la escritura y la oración.

El amor es paciente, el amor es amable. No tiene envidia, no se jacta.

1 Corintios 13:4

Querido Dios,

Te pido que me des el espíritu de amor para que pueda compartir Tu amor con los demás.

En el nombre de Jesús oro, Amén.

Lea la palabra. Luego colorea la imagen.

Lee la definición y completa la oración.

Definición:

# Alegría: un sentimiento de bondad y felicidad.

_____

## Hoy mostré

## alegría cuando yo...

_____


_____


_____

Completa la palabra. Lea la escritura y la oración.

# A_E_R_A

Porque el gozo del Señor es vuestra fortaleza.

Nehemías 8:10

Querido Dios,

Te pido que me des

el espíritu de alegría

para que pueda

compartir Tu alegría

con los demás.

En el nombre de

Jesús oro, Amén.

Lea la palabra. Luego colorea la imagen.

PAZ

**Definición:**

# Paz: un estado de ánimo tranquilo y calmado.

## Hoy mostré paz cuando yo...

_____

_____

_____

Completa la palabra. Lea la escritura y la oración.

# A
___  ___  ___

"Y la paz de Dios, que sobrepasa todo entendimiento, guardará vuestros corazones y vuestros pensamientos en Cristo Jesús Filipenses 4:7

Querido Dios,

Te pido que me des

tu paz mientras

duermo esta noche.

En el nombre de

Jesús oro, Amén.

Lea la palabra. Luego colorea la imagen.

# PACIENCIA

Lee la definición y completa la oración.

Definición:

Paciencia- poder esperar mucho tiempo sin estar molesto.

_____

Hoy mostré

paciencia cuando yo...

_____

_____

_____

Completa la palabra. Lea la escritura y la oración.

# PA __ IE __ CI __

Pero si esperamos lo que no vemos,

entonces con paciencia lo aguardamos.

Romanos 8:25

Querido Dios,

Te pido que me des el

espíritu de paciencia para

que pueda ser paciente con

los demás.

En el nombre de Jesús oro,

Amén.

Lea la palabra. Luego colorea la imagen.

# AMABILIDAD

**Definición:**

## Amabilidad: ser amable, dar y pensar en los demás.

## Hoy mostré

## amabilidad cuando yo...

_____

_____

_____

Completa la palabra. Lea la escritura y la oración.

# A__AB__LI__AD

Pero si esperamos lo que no vemos,

entonces con paciencia lo aguardamos.

Romanos 8:25

Querido Dios,

Te pido que me des el

espíritu de bondad para

que pueda compartir la

bondad con los demás.

En el nombre de Jesús

oro, Amén.

Lea la palabra. Luego colorea la imagen.

BONDAD

Lee la definición y completa la oración.

Definición:

Bondad: ser amable, servicial y honesto.

_____

Hoy mostré

Dios cuando yo...

_____

_____

_____

Completa la palabra. Lea la escritura y la oración.

# BO__D__D

Me había desmayado, a menos que
hubiera creído
para ver la bondad del Señor
en la tierra de los vivos.
Salmo 27:13

Querido Dios,
Te pido tu espíritu de bondad
para poder compartir la bondad
con los demás.
En el nombre de Jesús oro,
Amén.

Lea la palabra. Luego colorea la imagen

FIDELIDAD

Lee la definición y completa la oración.

## Definición:

**Fidelidad: ser fiel a tu palabra.**

_____

# Hoy mostré
# fidelidad cuando yo...

_____

_____

_____

Completa la palabra. Lea la escritura y la oración.

# FI _ EL _ _ AD

Que el amor y la fidelidad nunca te

abandonen;

átalas a tu cuello,

escríbelas en la tabla de tu

corazón. Proverbios 3:3

Querido Dios,

Grande es tu cuidado por mí,

y te agradezco por ayudarme a

mostrar tu fidelidad en todo

lo que hago.

En el nombre de Jesús oro,

Amén.

Lea la palabra. Luego colorea la imagen.

# DULZURA

Lee la definición y completa la oración.

Definición:

Mansedumbre: la cualidad de

ser amable, tierno o afable.

_____

# Hoy mostré mansedumbre

# cuando...

_____

_____

_____

# _ _ _ UL _ _ U _ _ _ A

Que tu mansedumbre sea evidente para todos. El Señor está cerca.

Filipenses 4:5

Querido Dios,

Pido el espíritu de mansedumbre para poder ser amable con los demás.

En el nombre de Jesús oro, Amén.

Lea la palabra. Luego colorea la imagen.

AUTOCONTROL

Lee la definición y completa la oración.

Definición:

Autocontrol- estar tranquilo durante un mal momento

_____

Hoy mostré a Dios autocontrol cuando yo...

_____

_____

_____

Completa la palabra. Lea la escritura y la oración.

# A _ T _ -
# _ ON R _ _ L

Como una ciudad cuyos muros son derribados es una persona que carece de dominio propio. Proverbios 25:28

Querido Dios,

Te pido tu espíritu de autocontrol para que pueda tomar decisiones sabias.

En el nombre de Jesús oro,

Amén.

Escribe las palabras en el orden correcto en la línea.

frutas del Espíritu

Amabilidad

Fidelidad

Alegría

Autocontrol

Paz

Dulzura

Paciencia

Amar

Bondad

1 _____

2 _____

3 _____

4 _____

5 _____

6 _____

7 _____

8 _____

9 _____

# frutos del espiritu

```
Q U G W S G L U V J B T I T O E H Q Z I N M Y I S V G D C C
H Q Y P V T N D B I Z F L S N V C P Z B J Z T P L R H M A Y
N V V V V R L V V L E P A Z Q A I I T F B X A M A R I P H Q
Z B I H F S L K P S T S G D V L C C N Y A S X O Z W R N Y P
C W P A C I E N C I A R J G V A Q R P J O B U D V X I T F C
G D Q J Q L L J S U J I O A U J L O T K C H H R H X F R P V X
X S Q F F P Z P Y J I E C U P C C J H J D R T T A H Q U K U
V Y T Q C P Z L Q K R A K Z C R G H I H D G R T T F F F D M
R O L C X G K Q L W H V L I N E S W Z S Q A Y X L Y S Q W A
M W C G N X A C Q B G E Y E W P I N H V G M N Q X C S J A I
P C P T A D R P N C F I V W J T Y I G R T L V T S J A N X X
C N L U L E S U N I L D C W J Q D J D K K I N I C M V P J F
D F K G U P R Q M R R E M S R O N J U N U M N O I A U T X D
R K J G Q G L H K H E R A S C H X H E O F N O E Z Y Z E E Z
D H L U Z J I L A J T X V P X U O A P C T U S I A W K P U D
W C H S X G I I J U J M J F B H O Y P M F N Z Q P I V K L Q
Q A L E G R í A R H L D S Q Y W A J I M A R C E Q P G K O X
N C Y D X I R E G Y V I K O B V U Y K T O K V M U V U P K R
M B B I M J H F V J Z M Z P X B T P I H W G J D B D Z D G F
A O A V Y I B F B U K A E E S Q O J F L Y R R I R Y J I W K
X N M X S O X W Q W J L Q K R X C X C M A Y X A X L X F E W
T D A P E T O K I E N P P P D F O H S Y O P O B X U C F B D
J A B G R L H P A S Z X I M M I N P J Z W L C C U E X V O V
V D I W D F S W Z N P W B Y A D T B F Q I R I W H D C L L L
F M L X Y W M H V J V G K C C E R F I Y B C D U L Z U R A P
H M I Z O M Z S P V R R Y T Y L O W A C F Y U T Z E O J N Y
V M D E I S R I I Q Y P R B N I L L A U K B J D N H V O A N
J I A N K B R I V N L Z X T D D L G X W S Y C U P P I O K J
D M D J W G B R G I X O V P I A T V F W N F S K Y V W H E
P B R F A K Z H E G R B Q D D D O U I S N W A Z I T U G C W
```

autocontrol          amabilidad          fidelidad          paz

paciencia            alegría             dulzura

bondad               amar

Made in the USA
Columbia, SC
14 September 2024

42232755R00020